记住乡愁

——留给孩子们的中国民俗文化

刘魁立◎主编

侯仰军◎编著

吉祥瑞兽·麒麟

第十一辑 生肖祥瑞辑

本辑主编 张勃

黑龙江少年儿童出版社

编委会

主　　任　刘魁立

副主任　叶　涛　施爱东　李春园

编委会　叶　涛　刘魁立　刘伟波　刘晓峰　刘　托
孙冬宁　陈连山　李春园　张　勃　林继富
杨利慧　施爱东　萧　放　黄景春

丛书主编　刘魁立

本辑主编　张　勃

序

亲爱的小读者们，身为中国人，你们了解中华民族的民俗文化吗？如果有所了解的话，你们又了解多少呢？

或许，你们认为熟知那些过去的事情是大人们的事，我们小孩儿不容易弄懂，也没必要弄懂那些事情。

其实，传统民俗文化的内涵极为丰富，它既不神秘也不深奥，与每个人的关系十分密切，它随时随地围绕在我们身边，贯穿于整个人生的每一天。

中华民族有很多传统节日，每逢节日都有一些传统民俗文化活动，比如端午节吃粽子，听大人们讲屈原为国为民愤投汨罗江的故事；八月中秋望着圆圆的明月，遐想嫦娥奔月、吴刚伐桂的传说，等等。

我国是一个统一的多民族国家，有56个民族，每个民族都有丰富多彩的文化和风俗习惯，这些不同民族的民俗文化共同构筑了中国民俗文化。或许你们听说过藏族长篇史诗《格萨尔王传》

中格萨尔王的英雄气概、蒙古族智慧的化身——巴拉根仓的机智与诙谐、维吾尔族世界闻名的智者——阿凡提的睿智与幽默、壮族歌仙刘三姐的聪慧机敏与歌如泉涌……如果这些你们都有所了解，那就说明你们已经走进了中华民族传统民俗文化的王国。

你们也许看过京剧、木偶戏、皮影戏，看过踩高跷、耍龙灯，欣赏过威风锣鼓，这些都是我们中华民族为世界贡献的艺术珍品。你们或许也欣赏过中国古琴演奏，那是中华文化中的瑰宝。1977年9月5日美国发射的"旅行者1号"探测器上所载的向外太空传达人类声音的金光盘上面，就录制了我国古琴大师管平湖演奏的中国古琴名曲——《流水》。

北京天安门东西两侧设有太庙和社稷坛，那是旧时皇帝举行仪式祭祀祖先和祭祀谷神及土地的地方。另外，在北京城的南北东西四个方位建有天坛、地坛、日坛和月坛，这些地方曾经是皇帝率领百官祭拜天、地、日、月的神圣场所。这些仪式活动说明，我们中国人自古就认为自己是自然的组成部分，因而崇信自然、融入自然，与自然和谐相处。

如今民间仍保存的奉祀关公和妈祖的习俗，则体现了中国人崇尚仁义礼智信、进行自我道德教育的意愿，表达了祈望平安顺达和扶危救困的诉求。

小读者们，你们养过蚕宝宝吗？原产于中国的蚕，真称得上伟大的小生物。蚕宝宝的一生从芝麻粒儿大小的蚕卵算起，中间经历蚁蚕、蚕宝宝、结茧吐丝等过程，到破茧成蛾结束，总共四十余天，却能为我们贡献约一千米长的蚕丝。我国历史悠久的养蚕、丝绸织绣技术自西汉"丝绸之路"诞生那天起就成为东方文明的传播者和象征，为促进人类文明的发展做出了不可磨灭的贡献！

小读者们，你们到过烧造瓷器的窑口，见过工匠师傅们拉坯、上釉、烧窑吗？中国是瓷器的故乡，我们的陶瓷技艺同样为人类文明的发展做出了巨大贡献！中国的英文国名"China"，就是由英文"china"（瓷器）一词转义而来的。

中国的历法、二十四节气、珠算、中医知识体系，都是中华民族传统文化宝库中的珍品。

让我们深感骄傲的中国传统民俗文化博大精深、丰富多彩，课本中的内容是难以囊括的。每向这个领域多迈进一步，你们对历史的认知、对人生的感悟、对生活的热爱与奋斗就会更进一分。

作为中国人，无论你身在何处，那与生俱来的充满民族文化DNA的血液将伴随你的一生，乡音难改，乡情难忘，乡愁恒久。这是你的根，这是你的魂，这种民族文化的传统体现在你身上，是你身份的标识，也是我们作为中国人彼此认同的依据，它作为一种凝聚的力量，把我们整个中华民族大家庭紧紧地联系在一起。

《记住乡愁——留给孩子们的中国民俗文化》丛书，为小读者们全面介绍了传统民俗文化的丰富内容：包括民间史诗传说故事、传统民间节日、民间信仰、礼仪习俗、民间游戏、中国古代建筑技艺、民间手工艺……

各辑的主编、各册的作者，都是相关领域的专家。他们以适合儿童的文笔，选配大量图片，简约精当地介绍每一个专题，希望小读者们读来兴趣盎然、收获颇丰。

在你们阅读的过程中，也许你们的长辈会向你们说起他们曾经的往事，讲讲他们的"乡愁"。那时，你们也许会觉得生活充满了意趣。希望这套丛书能使你们更加珍爱中国的传统民俗文化，让你们为生为中国人而自豪，长大后为中华民族的伟大复兴做出自己的贡献！

亲爱的小读者们，祝你们健康快乐！

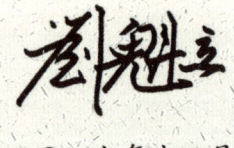

二〇一七年十二月

目 录

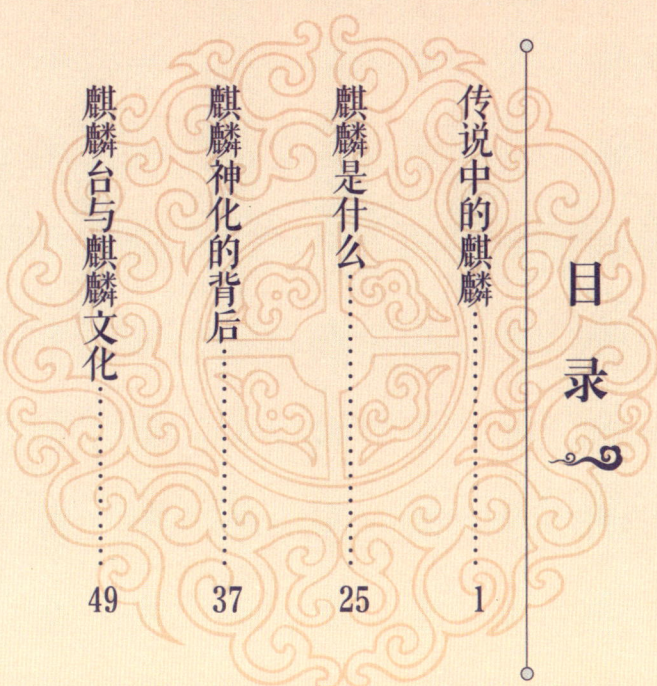

传说中的麒麟 …… 1

麒麟是什么 …… 25

麒麟神化的背后 …… 37

麒麟台与麒麟文化 …… 49

传说中的麒麟

传说中的麒麟

"麒麟踏祥云，人间百难消。"说到麒麟，我们的脑海中马上会出现一个龙头、鹿角、狮眼、虎背、熊腰、蛇鳞、马蹄、牛尾的神兽、仁兽形象。它矗立在楼堂馆阁里，大型建筑物前，给人们带来吉祥平安。看，这是北京颐和园里的麒麟，这是山东泰安的麒麟，还有四川江油的麒麟，这就是我们现在流传的麒麟形象。民间传说，麒麟生性仁和、温顺、善良，不踩活虫，不折生草，头上有角，角上有肉，设武备而不用；麒麟能活千年以上；麒麟出没处，必有祥瑞；凡麒麟踩过的地方，都会给那里的人们带来好运，故每逢传统佳节、喜庆之日，有的地方的人们还会舞起麒

| 麒麟 |
侯仰军 摄

| 北京颐和园青铜麒麟 |
姚继平 摄

麟，以表达迎祥纳福，祈求风调雨顺、国泰民安的良好愿望。

在古代，麒麟是"四灵"之首，历来被视为"仁义""吉祥"的象征。早在三千年前后，《诗经》就是以麟之德来赞颂王孙公子的，说明当时麒麟已被赋予仁、德的品格："麟之趾，振振公子，于嗟麟兮。麟之定，振振公姓，于嗟麟兮。麟之角，振振公族，于嗟麟兮！"

| 麒麟 |
侯仰军 摄

翻译成现代汉语就是：麒麟有蹄不踢人，诚实仁厚的公子们，你们个个像麒麟！麒麟有额不抵人，诚实仁厚的公姓们，你们个个像麒麟！麒麟有角不伤人，诚实仁厚的公族们，你们个个像麒麟！在古人心目中，麒麟有蹄不踏、有额不抵、有角不触，是至善至美的瑞兽，因而用它起兴，赞美公子、公姓、公族的诚实、仁厚。

秦汉之后，麒麟崇拜逐渐成为重要的文化现象，麒麟被看作天人和谐的象征。民间也产生了许多有关麒麟的神话传说，如《天降麒麟的传说》《牛生麒麟的传说》《孔子诞生的传说》《麒麟送子的传说》《梦麟而生孔子的传说》《西狩获麟的传说》《孔子见麟而死的传说》

| 麒麟 |
侯仰军 摄

《麒麟台的传说》《麒麟锁、麒麟兜肚的传说》等等。这些传说，在全国各地广为流传。仅山东省巨野县出版的《麒麟的传说》，就收录麒麟传说73篇。

天降麒麟的传说

很久很久以前，巨野并没有麟山。有一个姓李的老汉，没儿没女，老两口靠种二亩地过生活。他为人憨厚，又非常勤劳，每天一大早就起来拾粪。这一天，李老汉又早早地起床到村头街尾、路边、沟边拾粪，忽然看见不远处红光闪耀，一座小山从平地上慢慢往上长。在一片音乐声中，一个仙女从天上飘然而下。李老汉很奇怪，也很兴奋，急忙向小山的地方跑去。走到山跟前，哪里

| 高密王树花扑灰年画 |

有仙女啊,只见一个长相奇怪的小动物又蹦又跳。这个小动物太神奇了,遍体鳞甲,放着金光,头上只有一个肉角,又像鹿,又像牛,还像马,是个四不像,温驯可爱。

李老汉一想,这么好的牲灵我何不抱回家去喂养啊!于是他把粪倒在山脚下,脱下自己的破棉袄,把小牲灵包起来,放在粪箕里,兴冲冲地往家走。还没进门,老汉大喊:"老婆子,快来看,我拾到了一个小牲灵。"老伴没有反应,他就推门进屋,只见屋内明光闪烁。可是屋里没有点灯啊!老伴还在呼呼大睡。他正想推醒老

伴，只听见"哇哇哇"一阵响亮的婴儿啼哭声。老汉看见在老伴身旁，一个又白又胖的婴儿正在撒泼呢。

老汉惊喜万分，急忙推醒老伴："老婆子，你啥时候怀的孩子？也不跟我说一声。"老伴睁开眼睛，说："你想儿想疯了，净胡说八道。我这大把年纪了，哪会再添孩子呀。"老汉说："胖娃娃明明在你身边，你不知道？"老伴侧身一看，果然有一个胖小子，立马喜得合不拢嘴，说："敢情是老天爷看着咱老两口老实可怜，给咱送个孩子来了。"

据说这个孩子长大后聪慧异常，是唐太宗李世民的祖先，这是后话，暂且不提。

这时，老汉才想起来粪箕中的小牲灵，对老伴说了自己的奇遇，然后说："今天真是双喜临门。你看看这个神奇的小牲灵。"说着拿过来粪箕，掀开破棉袄。谁知一道金光，小牲灵不见了。老伴说："听老辈人说，有一种神奇的动物，叫麒麟，给人送吉祥，送儿郎。你说的这个小牲灵，身上有鳞，头上一只角，又是天上降下来的，八成是麒麟。"

天亮以后，村里人都说一大早从李老汉家里冒出一道金光，一个神奇的小牲灵飞到金山去了，于是纷纷到金山去看热闹。只见那个小牲灵活蹦乱跳，半跑半飞，连青草都不踩死一根，大家都说肯定是传说中的麒麟。人越聚越多，都想近前看个仔细，只听哧溜一声，麒麟钻进一个新打的山洞

| 麒麟石砚 |
程健君 摄

里去了。从此,金山一带山好、水好,年年丰收,家家平安,大家都说是麒麟带来的福气。不过,那座新生的小山只长了十几丈高就不长了,据说是李老汉倒的大粪熏的。人们为了纪念天降麒麟这件事,就把这座山命名为麟山。后来,人们又在山上塑了一尊麒麟像,盖了一座麒麟寺。

牛生麒麟的传说

牛生麒麟的故事在巨野县有多种传说,都很生动详细,活灵活现。麒麟镇的传说是这样的:春秋时期,巨野泽畔有一宋姓老汉,日出而作,日落而息,过着安乐而平静的生活。他家中养的一头母牛怀犊了,可过了很长时间还迟迟不分娩。地里急需耕种,宋老汉只好再套上牛去耕地。

到了地里，套牛耕地，犁到这头犁那头，犁到那头犁这头，一气儿犁到中午时牛不走了。宋老汉只好让它休息。休息的时候，牛趴下开始分娩。宋老汉大喜，急忙给它准备草料，在一旁照护着。不一会儿牛生下了一个牛犊子，宋老汉一看，大吃一惊。这个牛犊子长得太奇怪了，啥都像又啥都不像，头上有角，身上有鳞，马蹄子，牛尾巴。

更让宋老汉吃惊的是，这怪物一落地就活蹦乱跳，见风就长，还饥不择食，一转眼竟将宋老汉犁地用的犁铧片吃掉一半。宋老汉心想：我这一辈子也没听说过这样的动物，它连生铁都能嚼动，吃人不跟吃面条似的？老汉认为是一头怪物，害怕连自己也吃了，惊慌失措，拿起榔头一下子就把它打死了。

这件事一传十、十传百，传到鲁国国都。国君听说了这件事，请孔子前去察看。孔子受国君之托，急急忙忙从曲阜赶到巨野泽。孔子一看是神兽麒麟，非常伤心，大哭一场。人们这才知道这头怪兽叫麒麟，是仁兽、瑞兽，给人们送福来了。宋老汉后悔不及。孔子说："这事也不怨你，这是天意。您想想，既然麒麟是神兽，日行千里夜行八百，平时人见都见不到它，别说逮着它了，这是它主动现身，叫你打死的。预示天下将要大乱。"果然，不久天下大乱，各国征战开始了。

孔子诞生的传说

相传孔子的父母叔梁纥与颜徵在结婚后，经常到尼丘山上烧香祈祷，希望能添个健康的男孩儿。一天，忽见天降麒麟，并吐血于石上，颜徵在因而受孕。分娩时，忽听一阵悠扬的乐声传来，一只麒麟口衔玉帛从西方缓缓而来。西方就是巨野的麟山，在尼丘山西边。麒麟将玉帛吐到颜徵在面前，上面写着："天遣奎星下凡，将要振兴周朝。"麒麟腾云驾雾而去，孔子随即诞生。

当孔子父母仔细打量新生婴儿时，不由得倒吸一口冷气，只见这孩子长得头顶如反盂，中间低而四周高；眼露筋，鼻露孔，耳露轮，嘴露齿。叔梁纥十分恼怒，便把孩子扔在了尼丘山下。

此时正是八月，天气格外炎热，孩子躺在野地里，危在旦夕。一只老鹰飞来，展开双翅呼扇呼扇地不停地给孩子煽扇遮阳。傍晚，一只麒麟又从西边飞来，把孩子衔进金山的麒麟洞。原来麒麟知道孔子有难，特地让金山的金牛用牛乳喂养孩子。孔子才得以大难不死。

明朝天启年间编写的《巨野县志》记载："巨野东南金山下焦氏山产麒麟，孔子未出生时，麟衔玉书至阙里，其文曰：'水精子继衰周而素王。'颜氏异之，以绣绂系麟角，信宿而去。怀妊十一月而生孔子。遂改焦氏山为麟山。"这段记载，既是当时民间麒麟送子传说的反映，又成为后世《麒麟送子的传说》的母本。

麒麟送子的传说

故事情节大略是这样的：在孔子的故乡曲阜，有一条阙里街，孔子的家就在这条街上。孔子的父亲孔纥（叔梁纥）与母亲颜徵在仅有孔孟皮一个男孩，但患有足疾，不能担当祀事。夫妇俩觉得太遗憾，就一起在尼山祈祷，盼望再有个儿子。一天夜里，忽有一头麒麟踱进阙里。麒麟举止优雅，不慌不忙地从嘴里吐出一方帛，上面还写着文字："水精之子孙，衰周而素王，徵在贤明。"第二天，麒麟不见了，孔纥家传出一阵响亮的婴儿啼哭声。孔子诞生了。

与巨野县毗邻的嘉祥县也有不少有关麒麟的传说。麒麟传说的代表性传承人刘恒金讲，嘉祥民间流传的麒麟传说十分丰富，与孔子的联系也更紧密。传说孔子的母亲颜氏，怀胎十月，路过尼山的时候，忽然肚子疼，眼看要生产。这时天空一阵轰鸣，一个独角麒麟驮着一个白胖小儿驾着五彩祥云从天而降。此时，满天红光，瑞气纷呈，独角麒麟撞进颜氏怀里，孔子接着就诞生了。鲁哀公十四年，武城的一个老农赶着一头黄牛耕地的时候，黄牛生下一个小犊儿，不像猪，不像牛，头生独角不是鹿，身上长鳞不像龙，是个四不像。四不像刚生下没多大一会儿，就站了起来，把犁镜和犁铧头给吃了下去。老农害怕，请四不像到别的地方去，四不像点点头、摇摇尾，就走了。四不像就

|寒亭木版年画|

是麒麟。在那一年，鲁哀公到武城以西二十多里的大野打猎，把那只麒麟射死，但不知道这是一只什么动物，于是请孔子前来辨认。孔子看到是一只麒麟，非常心疼地说："这是麒麟，是仁兽啊。现在这么混乱，你怎么在这个时候出现了呢？"说完便失声痛哭，从此搁笔，不再编《春秋》了。不久，孔子就逝世了。

这些传说，有一个共同的特点，即麒麟是神兽、仁兽、吉祥物，能给老百姓带来吉祥。正如唐代文学家韩愈所说："麟之为灵，昭昭也。咏于《诗》，书于《春秋》，杂出于传记百家之书，虽妇人小子皆知其为祥也。"

麒麟变牛的传说

在陕西省宜君县还有麒麟变牛的传说。

很早以前，牛本是玉帝女儿乘骑的麒麟。它常到凡间偷吃人们的庄稼。有一次把大片的庄稼吃完了，农民打它时，它还顶人、咬人。它的牙齿锋利，把人咬烂了，尝着人的肉鲜美，就不吃庄稼了，专门吃人。

有一天，一个农民正在挖地，麒麟驾云从天上下来，嘴里喷出大雾，大声吼着来吃他。这个农民胆量很大，拿着一把铁叉，一面抵挡，一面大喊："救命！"周围挖地的农民听见了都来相助，麒麟吃不了农民，气得吼声更大，震动了天宫。天兵报告玉帝，玉帝带着天兵天将前来查看，见它张着大嘴要吃农民，玉帝喝令一声："大胆畜生，竟敢吃人！"麒麟急忙跪下请罪，玉帝一脚踢掉它的上牙，罚它一生不能吃肉。并命天将用刀砍破它的蹄子，把筷子削尖从鼻孔穿个窟窿，给锁了个鼻圈，叫农民牵上去拉犁。

它有了鼻圈，一拉就疼，蹄子割成两半了，一掰也疼，从此就乖乖地成为给人拉犁的牛了。

水麒麟的故事

在广西宜山一带居住的水族人，喜用白银打成形似皮筏的护身符，在上面镌刻一只水麒麟，把它挂在孩子们的胸前。传说很久以前，水族的祖先住在麒麟河边。麒麟河边土地肥沃，五谷丰

|瓷板画　麒麟|

登，人们的日子十分欢乐。

一天，被水龙王囚禁的小妖龙，趁龙王外出时，逃出牢笼，偷偷游到麒麟河里。麒麟河水清澈见底，鱼虾数不胜数，水草应有尽有。小妖龙凭武力霸占了麒麟河。它随意残害鱼虾、贝壳，惹得它们叫苦连天。鱼虾、贝壳一同游到麒麟岩口，敲开麒麟府的大门，齐声诉说："麒麟大哥！河里突然来了个大怪物，随意伤害众兄弟，你要为我们做主啊！"

水麒麟大吃一惊，看到鱼虾、贝壳遍体鳞伤，好不气恼，便和众兄弟一同赶到下游来。水麒麟再一看，好端端的一条清水河，被搞得很浑浊，到处都有鱼虾、贝壳被害的残体。它潜进深水亭找到躺卧在那里的小妖龙说："小龙，这条麒麟河是龙王交给我管的。你到这里作恶多端，众兄弟不欢迎，请你快快离去！"

小妖龙头一歪，尾巴一摆，嘿嘿冷笑一声，对水麒麟说："你是什么杂种？角不满头，甲不包身，怎配管我？告诉你，从今以后，这条河属于我，我爱怎么样就怎么样，谁也管不着。"

水麒麟见小妖龙这般无理，便大声警告说："你是被龙王囚禁起来的囚犯，私下潜逃出来干坏事，我要向龙王禀报！"

小妖龙恶性不改，立即昂起头，摆开尾，张大嘴巴，向水麒麟猛扑过来，要把水麒麟咬死。

水麒麟躲过它的猛扑，回身反攻。两个就这样在水里格斗起来。水麒麟用利爪撕破小妖龙的皮肉，使它鲜血直流。小妖龙斗红了眼，张开大嘴向水麒麟喷水。水麒麟十分机灵，左闪右闪，躲过了小妖龙射来的水柱。

可是，小妖龙连连口喷水柱，河水猛涨起来，房舍被淹没，百姓被卷进汹涌的水浪中了。

水麒麟看到百姓被大水卷走，急在心里，顾不上自己的安危，它闪过小妖龙的猛扑，躲过小妖龙喷来的水柱，转身向下游潜去，设法搭救落水的人们。

小妖龙以为水麒麟斗败了，紧紧追赶，恨不得一口咬死水麒麟。水麒麟游到落水人们的旁边，看见附近没有一根可供攀浮的木头，不能把人们救上岸。小妖龙又紧紧追着。水麒麟横下心来，张开嘴巴咬下自己胸前的一大块皮，抛出水面，用力一吹，使皮块中间凹落，四周拉开，形成一张"皮筏"漂在水面上。

小妖龙扑上来了，水麒麟闪过一边，用自己的尾巴卷起落水的人，将他们抛到"皮筏"上。就这样，它一边与小妖龙决斗，一边救起落水的人。就在水麒麟救起最后一个落水人时，因为过

|麒麟香插|
田晓 摄

度劳累，被小妖龙趁机咬破了脖子。水麒麟聚集最后的力气，一头撞去，撞穿了小妖龙的肚腔。小妖龙挣扎几下，便死在了河里。

水麒麟也因流血过多，在大水消退后，站在麒麟河中间，不能动弹，久而久之，变成了石麒麟。

人们得救后，重新回到麒麟河边居住。麒麟河又变清了，鱼虾、贝壳也繁衍得更多了。从此，人们世世代代都在传诵着水麒麟舍己救人的故事，把水麒麟作为善良而又勇敢的象征。

龙犬驸马

广东的畲族流传着这样的传说。

很久很久以前，有个高辛国。高辛国的天，有九万九千九百里宽；高辛国的地，有九万九千里长；高辛

吉祥瑞兽·麒麟

国的百姓，有九万九千九百人。这里的彩虹是十二色的，四季竹木长青，鸟语花香，人人日间开畲狩猎，夜间就唱歌、跳舞，直到月落。

高辛国有个国王。要说他是国王，他终日和众人一起狩猎歌舞，从不多分一份谷物；要说他是平民，他声音洪亮，一呼百应，是大家心目中的英雄和长者。他有个善良的妻子，擅长医术，专为众人消灾除病。她还为高辛王生了三个孩子，最小的三公主，聪明伶俐，善良美丽。

有一天，从很远很远的东方传来凤凰鸟的歌唱声。在凤凰的歌唱声中，高辛王的右耳垂一天天肥大起来。过了三百三十三天，高辛王的右耳垂竟然像大拇指一样大了，人人都说是吉祥之兆。又过了三百三十三天，右耳垂坠近肩膀了。王后拿来小巧玲珑的神刀，用刀尖在高辛王的右耳垂上轻轻一挑，一骨碌滚出一颗山雀蛋似的小白蛋。灵巧的三公主取来绿竹，采来柳丝，精工编成一个柳竹篮，把小白蛋放进了篮子里，挂在竹架上，供奉在庭院的百花丛中，让它

麒麟围嘴
田晓 摄

日沐阳光，夜浴雨露。再过三百三十三天，说来也奇怪，小白蛋竟然大得像椰果一样了。一日，天空中飞来了一只五光十色的凤凰鸟，它绕着篮子飞了三圈，对着那颗白蛋啼叫了九声，然后，用嘴尖对白蛋轻轻地一啄。突然，金光四射，白蛋中跳出一只小麒麟来。跟着，幽香阵阵，乐音频频，麒麟偕凤凰，向着东方腾空而去。

也不知过了多长时间，在南面隔海的那边，出现了一个海番王。海番王有很多番兵番将，他能变妖，也能变人，他早就想霸占美丽的高辛国。有一天，夜近三更，高辛国的天空，狂风骤起，黑云翻滚，海番王的魔掌伸向这美丽的国土了。高辛王率领百姓奋起反抗，激战

| 洛阳民俗博物馆藏婴儿床木雕 |
程健君 摄

吉祥瑞兽·麒麟

|动漫形象麒麟|

三百三十三天，但终因海番王有妖术，大好的高辛国近一半国土被践踏。正当高辛王心急如焚，苦思无计时，三公主来到跟前，对高辛王说："父王，民间有很多英雄豪杰，何不出榜招贤？"高辛王觉得三公主说得有理，便马上吩咐贴出招贤金榜。

第一天，没有人来揭榜。第二天，仍然无人揭榜。第三天，还是无人揭榜。午时刚过，一声霹雳，天空的黑云骤然闪开，铺下一条金路，走来了那只随凤凰而去的麒麟。

麒麟衔下金榜，立即参见高辛王。高辛王一见是麒麟来了，便向东方拱手一揖道："麒麟啊！我的高辛国哺育的圣物，吉祥的象征，你能保卫圣洁的土地，让吉祥再次降临我们高辛国吗？"麒麟居然开口说起话来："圣明的国王，幸福永远属于您和您的人民。海番王正在他的海岛魔城中施妖术，我马上取他的头来见您。"高辛王听后，欣喜万分，虔诚地朝着东方拱手说："当年三女儿临产，上天曾经许下诺言：有朝一日，黎民百姓有难，如有英

19

| 浮雕　麒麟 |

雄挺身相救,那就把三公主许配给他。你如果能够取下魔王的头,我一定照这话去办!"麒麟听后高兴地跳了三跳,叫了三声,绕了三圈,便一跃向南而去。

麒麟来到海边,将身子摇了三摇,化成巨龙,分水扬波,片刻就抵达魔城城边。一上岸,又变回麒麟。守门的番将,一见异物,马上传报海番王,并把麒麟的模样一一禀报。海番王一听,以为麒麟是苍天赐给他的吉祥之物,竟然狂笑道:"这是上天降福于我,不用很久我就可以荡平高辛国了!"说完立即吩咐开出珊瑚玳瑁铺成的路,奏乐迎接麒麟,还为麒麟设宴接风。麒麟不动声色,只是一味劝酒。不知不觉间,海番王饮了三百三十三瓮酒，酩酊大醉，跟跟跄跄地朝魔床上倒头便睡，顷刻，鼾声如雷。说时迟，那时快，麒麟跃上魔床，张口对着海番王的头就咬，咬断了海番王的脖子。只见一道黑光冲出，海番王一命呜呼。

麒麟衔着海番王的头颅，又变成巨龙，转眼就返回高辛国去了。回到高辛国后，高辛王为麒麟设宴庆功。酒过三巡，高辛王问麒麟道："伏魔的英雄，你一定神法无边，你是否可以变成人呢？"麒麟回答道："贤明的国王，只要建一间密室，让我住七天七夜，就可以了。"高辛王听后非常高兴，当即命人建起密室，但担心会把麒麟闷死，还特别安了个小窗。密室建好后，麒麟就住了进去。

一天、二天……六天过去了，王后非常挂念。是啊，三公主是王后的爱女，她的歌声能引来百鸟，笑声能催开百花，她是高辛王的明珠，麒麟真能变成人吗？王后忍不住悄悄地走到小窗前往里面看。啊！麒麟在变，手脚和身子已经成人形了，唯独还有麒麟的头未变。王后看着看着觉得有趣，禁不住扑哧一声笑了出来。这一笑非同小可，麒麟再也变不了头了。没办法，麒麟只好走出密室，对高辛王说："因为时辰未到，有人偷看，我的头永远都不可能变为人头了。"高辛王也不嫌弃，欣然答道："也许这是苍天的意愿吧！我赐予你为龙麒，与三公主择吉日成婚吧。"

|浚县碧霞宫神龛木雕|
程健君 摄

龙麒和三公主成婚，高辛国举国欢庆。

龙麒和三公主结婚后，龙麒对高辛王说："父王，现在我要带妻子回家乡了。"高辛王问三公主是否愿意跟龙麒回家乡，三公主甜滋滋地点头。话音刚落，天上骤然飞来十二只五光十色的凤凰。高辛王恍然大悟道："龙麒，你家乡是凤凰山吧！"龙麒微笑着点点头，带着公主与高辛王、王后告别，在十二只凤凰的簇拥下回到凤凰山。

回到凤凰山后的第二年，三公主生了一个男孩儿，龙麒用白玉石盘盛着向高辛王报喜，高辛王欣喜地说："既然用盘装，就赐姓盘吧。"

第三年，三公主又生了一个男孩儿，龙麒用绿竹编的篮子装着向高辛王报喜，高辛王说："既然用篮子装，就赐姓篮吧。"

第四年，三公主又生了一个男孩儿，恰逢洪水泛滥，阻断了通往高辛国的道路，两年后龙麒才抱着会走路的孩子去向高辛王报喜。谁知刚进城就听到晴天响雷，高辛王更加高兴，说道："这是吉兆，这个孩子就赐姓雷吧！"

又过几年，三公主生了个小女儿，长大之后，出嫁跟丈夫姓钟。

不知过了多少年，龙麒和他的子孙们日夜开畲狩猎，天天对歌欢舞。龙麒还定下一年一度"踏瑶节"，三年一度"招兵节"。每当节日一到，龙麒和他的子孙们搭歌台、摆宴席、燃篝火，又唱又跳，一连狂欢三天三夜。

又是三年一度的招兵节，龙麒为了带礼物参加盛会，到深山老林里去狩猎。正当他追捕一只黄猄时，失足滚下山崖，被族人救回家时已经奄奄一息了。龙麒临终时对着子孙们说："我原是天上的神灵，现在就要回天上去了，我们世代在凤凰山开畲狩猎，就统称为畲家吧！要记住，盘、篮、雷、钟一家亲，世代和睦相处莫相欺。我的子孙啊！要保持开创天地的志向，不畏强暴的勇敢，创建乐园的勤劳。"说完，龙麒便闭上了双眼。凤凰鸟啊，悲啼了九万九千九百声；凤凰山的

| 木雕艺术品 麒麟 |

树啊,垂弯了九万九千九百棵;凤凰山的水啊,涌出了九万九千九百处泪泉!从此以后,龙麒的子孙就称为畲族。坐落于潮州的凤凰山,便是畲族的祖居。畲族把龙麒的嘱咐铭刻在心里。一年复一年、一代又一代,畲族的天地仍然那么宽阔,阳光格外明丽,露珠分外晶莹,山歌分外清脆。畲族的人民还是那么热爱自由,那么勤劳勇敢。(以上传说故事摘自《中国民间故事集成》《中华民族故事大系》,特此说明并致谢。)

麒麟是什么

吉祥瑞兽·麒麟

麒麟是什么

麒麟的形象，在汉代人的眼里，是和麋鹿一样的动物。许慎在《说文解字》里说："麒，仁兽也，麋身，牛尾，一角；麐（麟），牝麒也。"我们从现存的汉碑上还能看到汉代人心目中的麒麟，如东汉山阳太守碑上的麒麟就像一头鹿。汉代之后，麒麟的形象，日渐成熟。众所周知，

|汉碑上的麒麟|

汉画像石是汉代地下墓室、墓地祠堂、墓阙和庙阙等建筑上雕刻画像的建筑构石，

|汉碑上的麒麟|

27

在中国美术史上占有承前启后的重要地位。在迄今发现的河南、江苏、山东、山西、陕西、四川等地的汉画像石上,麒麟已经有了各种各样的形象。唐宋时期,麒麟已成为集众多动物特点于一身的神兽、仁兽:龙头、鹿角、狮眼、虎背、熊腰、蛇鳞、马蹄、牛尾。

麒麟是真实的存在,还是人们想象出来的吉祥物,历史上一直有不同的看法。春秋末年,麒麟现身巨野泽。《春秋·哀公十四年》载:"十有四年春,西狩获麟。"《左传·哀公十四年》载:"十四年春,西狩于大野,叔孙氏之车子鉏商获麟,以为不祥,以赐虞人。仲尼观之,曰'麟也',然后取之。"这两段史料说明,鲁哀公十四年即公元前481年,也就是孔子去世的前两年,一代学问大师孔子看到了实实在在的,当时一般人是难以见到的"麒麟"。这在当时本不是什么惊天

| 西狩获麟群雕 |
姚继平 摄

动地的事情，但由于麒麟在先秦时期就是"四灵"之一，是华夏民族特有的带有神性的动物，加上后世文人的渲染，"西狩获麟"竟成为中国文化史上带有里程碑意义的大事。

有人认为，孔子因为麒麟在乱世出现，悲叹自己生不逢时，把正在写作的《春秋》打住，《春秋》记事到此为止；也有学者认为，孔子是因为见到麒麟，深恐自己的事业后继无人，才动手写作《春秋》。《公羊传》说："春，西狩获麟。何以书？记异也。何异尔？非中国之兽也。然则孰狩之？薪采者也。薪采者则微者也，曷为以狩言之？大之也。曷为大之？为获麟大之也。曷为获麟大之？麟者，仁兽也。有王者则至，无王者则不至。有以告者曰：'有麕而角者。'孔子曰：'孰为来哉！孰为来哉！'反袂拭面涕沾袍。……西狩获麟，孔子曰：'吾道穷矣。'"《史记·孔子世家》则记载："鲁哀公十四年春，狩大野。叔孙氏车子鉏商获兽，以为不祥。仲尼视之，曰：'麟也。'取之。曰：'河不出图，雒不出书，吾已矣夫！'颜渊死，孔子曰：'天丧予！'及西狩见麟，曰：'吾道穷矣！'喟然叹曰：'莫知我夫！'……子曰：'弗乎弗乎，君子病没世而名不称焉。吾道不行矣，吾何以自见于后世哉？'乃因史记作春秋，上至隐公，下讫哀公十四年,十二公。"不论是因麒麟出现写《春秋》还是因麒麟出现不再写《春秋》,麒麟的出现不同凡响是确定无疑的。

《公羊传》还只是说麒麟"非中国之兽也",而到了后世,多数学者认为麒麟只是传说中的一种动物,在现实生活中并不存在;也有一些学者认为麒麟在古代确实存在,至于是哪一种动物,有不同的说法:有的学者认为麒麟是獐,所以古书上说麒麟是"麇身",有的学者认为麒麟就是现实中的牛,还有的学者认为是印度犀牛。

那么,麒麟在现实生活中是否真的存在过?如果麒麟是真实存在过的动物,"西狩获麟"时,孔子究竟看到了什么?

| 麒麟石柱 |

我们认为，说麒麟"只是古代传说中的一种动物"，"现实中并不存在"，是站不住脚的。其一，在我国最早的成熟文字甲骨文和最早的诗歌总集《诗经》中，就有关于麒麟的记载。殷墟发现的可识别的甲骨卜辞中，多次出现麒麟，如"又（侑）白麐于大乙"，"庚戌卜贞……于麐、駁、駇"……其中"又（侑）白麐于大乙"出自甲骨卜辞中一片非常著名的"小臣墙刻辞"："小臣墙比伐，禽（擒）危、美……人廿人四……又（侑）白麐于大乙"。这是一次战争俘获与赏赐的记录，是出土文献中最早而且是目前仅见的关于"白麟"的记录。值得注意的是，用"白麟"祭祀大乙即商朝开国君主商汤，在"国之大事，唯祀与戎"、鬼神信仰十分盛行的商代，显示出人们对"白麟"的高度重视。

这两片卜辞都是帝乙、帝辛时代（公元前1101年—公元前1046年）的，证明在商朝后期，麒麟的地位已经很高，但并不难见到。

殷墟甲骨文是商王室用于占卜记事而刻（或写）在龟甲、兽骨上的文字，商代臣民对鬼神信仰十分虔诚，"国之大事，唯祀与戎"，人们不大可能欺骗鬼神；商朝灭亡后，甲骨文被深埋地下三千年，不大可能存在后人造假的问题，还是很可信的。

其二，《春秋》和《孔子家语》中关于"西狩获麟"的记载，为我们提供了生动的例证。孔子非常严谨，《论语》说他不谈论怪异、勇力、悖乱、鬼神。他对于《春秋》的写作高度重视，在写作《春秋》时，都是亲力亲为，连最得意的学生子夏都不能插手："笔则笔，削则削，子夏之徒不能赞一辞。"对于《春秋》的价值，孔子说过："后世知丘者以《春秋》，而罪丘者亦以《春秋》。"因此，《春秋》记载的内容，特别是孔子本人亲历的事情，应该是可信的。《春秋·哀公十四年》明确记载："十有四年春，西狩获麟。"近年来被学者称为"孔子研究第一书"的《孔子家语》对"西狩获麟"的记载更为详细："叔孙氏之车士曰子鉏商，采薪于大野，获麟焉，折其前左足，载以归。叔孙以为不祥，弃之于郭外。使人告孔子曰：'有麇而角者，何也？'孔子往观之，曰：'麟也，胡为来哉？'反袂拭面，涕泣沾襟。叔孙闻之，然后取之。子贡问曰：'夫子何泣尔？'孔子曰：'麟之至，为明王也。出非其时而见害，吾是以伤哉。'"由此可知，孔子当时看到了实实在在的、一般人难以见到的"麒麟"。

其三，从古文献看，麒麟在商代之前的中原时常出现，西汉至北宋时也有麒麟的活动，如汉武帝元狩元年（公元前122年）往雍郊祀而获一角兽麒麟；汉明帝永平十一年（68年）麒麟出现；汉章帝元和二年至章和元年（85～87年）"麒麟五十一见郡国"；汉安帝延光三年（124年）"麒麟见阳翟"，同年八月"颍川上言麒麟一、白虎二见阳翟"，延光四年（125年）正月东郡上言"麒麟一见濮阳"；汉献帝延康元年（220年）"麒麟十见郡国"……这么多的记载，不可能都是"统治者造的假"吧！

通过这些史料记载，怎么能说麒麟只是古代传说中的一种动物，现实中并不存在吗？

那么，麒麟到底是什么呢？其实，真实的"麒麟"或者说"西狩获麟"时孔子见到的"麒麟"，不是獐，不是牛，也不可能是印度犀牛，麒麟就是麒麟，它是一种与麋鹿相似的鹿科动物，只不过到了后世由于气候变化和人类的猎杀而消失了。

成书于秦汉之际的《尔雅》说："麟，麇，麕身，牛尾，一角。"也就是说，孔子见到的麒麟，是一头长得很像麋鹿的动物。

明朝时期的人曾把长颈鹿误认为是麒麟，足以说明麒麟是一种与麋鹿相似的鹿科动物。曾随郑和在1413年、1421年、1431年三次下西洋的马欢，在其所著《瀛涯胜览》中提到了"阿丹国麒麟"："阿丹国麒麟，前足高九尺余，后足六尺余，项长，头昂，至一丈六尺，傍耳生二短肉角，牛尾，鹿身，食粟豆饼饵。"阿丹国就是亚丁国，在今天的亚丁湾一带。马欢所说的"阿丹国麒麟"，其实就是长颈鹿。

麋鹿是中国特有的珍稀

动物，体长约2米。雄性肩高0.8米～0.85米，雌性0.7米～0.75米。初生仔12千克左右，一般成年雄麋鹿体重可达250千克，角较长，每年12月份脱角一次。雌麋鹿没有角，体型也较小。善游泳，喜群居，因面似马、角似鹿、蹄似牛、尾似驴而俗称"四不像"。由于它有宽大的四蹄，非常适合在泥泞的树林沼泽地带寻觅青草、树叶和水生植物等。麋鹿在3000年以前相当繁盛，主要分布在中国的中、东部，日本也有，东海、黄海及其附近海域也曾发现麋鹿的化石。由于气候变化和人类的猎杀，汉朝末年麋鹿在中原就近乎绝种，只有少量存在于长江中下游沼泽地带。大约在150多年前野生麋鹿就消失了。1865年，法国博物学家大卫在北京南郊进行动

| 麒麟柱础社旗山陕会馆 |
田晓 摄

植物考察，无意中发现了麋鹿，各国公使及教会人士通过各种手段，弄走几十头，饲养在各国动物园中。1900年，八国联军攻入北京，南海子麋鹿被劫杀一空，麋鹿在中国本土灭绝。1985年，英国向中国无偿提供麋鹿22头，饲养在南海子原皇家猎苑，麋鹿重新回到了它在中国最后消失的地方。

比麒麟、麋鹿幸运一些的是扬子鳄。扬子鳄是短吻鳄的一种，古称鼍或鼍龙。它生活在地球上已六千万年，比人类的历史长得多。扬子鳄性格凶猛，寿命可达一两百年，体长可达两米。背面覆有六列坚硬角质鳞板，这就是传说的龙身上的鳞甲。背部多为暗褐色，即青色，故多称青龙或苍龙；腹面为灰色，有黄灰色横条；尾巴有灰黑相间的环纹。现今扬子鳄分布在长江下游的有限地段中，但在公元前4000年—公元前3000年，在北纬36度附近却有鳄的存在。山东兖州王因遗址发现了至少分属于20个个体的扬子鳄残骨，与其他水生动物如鱼、龟、鳖、蚌等的遗骸混杂在灰坑中。这些鳄大的有1.5米以上，小的不到1米。骨板深黑，表明被火烧过。显然，灰坑中的残骸都是六千多年前的人熟食了这些水产品后弃置而成。烧黑的骨板是他们烧吃鳄肉的铁证。泰安、泗水、兖州、滕县各地发现的商代及以前的鳄皮制品也应该是就地取材、当地制作的。

麋鹿、扬子鳄的命运

可以看作麒麟命运的一个旁证。由于商代之前鲁西南地区气候比较温暖湿润,又有大野泽、菏泽、雷夏泽及黄河、济水等广阔的水域,这里自然成了麒麟、麋鹿、扬子鳄等动物生长繁殖的乐园。西周之后,由于人类的滥捕滥杀,加上该地区的气候变得干旱,水域大面积减少,麒麟、野生麋鹿逐渐消失在人们的视野中。

麒麟神化的背后

麒麟神化的背后

众所周知，民间传说是围绕客观存在的实物，运用文学表现手法和历史表达方式构建出来的，具有审美意味的散文体口头叙事文学。在民间传说的创作中，客观存在的实物始终处于核心地位，因此人们又将它称为"传说核"。"传说核"可以是一个历史人物、历史事件，也可以是一个地方的古迹或风俗习惯等。因此，民间传说无不包含着历史真实的要素，我们从民间传说中可以找到历史的真实存在和人们的心理诉求。麒麟传说也是这样。通过对麒麟神话传说故事的剖析，可以看出其背后反映的真实历史。

麒麟曾经是真实的存在，生活在水草丰茂、温暖湿润的豫东鲁西南地区。先秦时期这一地区优越的地理环境为麒麟生存提供了可能，也使麒麟传说向四周传播，并成为中华民族共同的特殊的记忆。

考古发现证明，在距今5000年—8000年期间，全球气候较今天温暖得多，被称为全新世中期或全新世大暖期。而据当代著名的地理学家和气象学家竺可桢先生研究，商代的气候温暖而潮湿，温度比今天要高出二三度。黄河流域史前及商代遗址里发现许多厚壳蚌及蚌制品：镰、刀、矛、镞、饰物等等，尤以河南、山东交界处为多。1975年在兖州王因遗址出土的蚌壳多达数十千克；梁山青堌堆遗址发掘面积仅72平方米，蚌壳亦有数十千克之多。其中以一种壳体甚厚、壳面多瘤的丽蚌最多，其次为壳体较扁平宽大的帆蚌。前者现仅存在于长江以南，后者适应性较强。1976年至1979年春，菏泽地区文物工作队对曹县莘冢集遗址进行了两次发掘，出土了陶网坠、陶纺轮、骨锥、骨凿、骨匕、骨棱形器、石铲等。另外，还有大量的鱼刺、螺壳和少量的兽骨等。这些遗物在别的堌堆遗址中也有大量发现，反映了商代先民的经济生活虽以农业生产为主，但渔猎和采集经济仍占有相当大的比重。1984年，北京大学考古系对菏泽市的安邱堌堆遗址进行发掘，发现了有明显使用痕迹的蚌镰、蚌刀，尖锐锋利的骨针、骨锥、骨镞等。考古工作者在定陶县官堌堆遗址发现了蚌壳坑，发现和采集了新石器时代和商、周时期的大量遗物，计有鹿角化石、野生动物骨骼、牙齿、石刀、石斧、石镰、骨针、贝壳、陶斧等。

一般来说，气候变暖，导致气候带北移，华北大平原地区以及黄河流域的降水也相应有较大幅度增加。地处黄河下游华北大平原上的鲁西南地区，乃降水丰沛之地。根据成书于春秋、战国时的《禹贡》《左传》等书记载，鲁西南地区在先秦时期著名的湖泽有菏泽、大野泽、雷夏泽、孟诸泽，著名的河流有济水、濮水、沮水、灉水、菏水、泗水。菏泽、大野泽、雷夏泽、孟诸泽的主体水域都在今天的菏泽地区，其中以大野泽水域最为辽阔。

《水经·济水注》曰："巨野，湖泽广大，南通洙、泗，北连清、济。"《元和郡县志》说："大野泽在巨野东五里，南北三百里，东西百余里。"《大清一统志》说："（大野泽）在巨野县北五里，济水故渎所入也。自汉元光三年，河决濮阳瓠子，注巨野，下逮五代晋开运，宋咸平、天禧、熙宁，金明昌，元至正决入者凡六次，自涸为平陆，而岸畔不可复识矣。"

一系列的考古发现表明，鲁西南地区在先秦时期沼泽遍布、林木茂密，动植物资源丰富，一般人不易见到的珍稀动物在这里出现不足为奇，麒麟在这里生存繁衍也是非常自然的。一直到金、元黄河泛滥之前，以菏泽为中心的鲁西南地区在中国社会发展史上都举足轻重。鲁西南地区是古代九州之一——"兖州"的中心区域，地理位置十分重要，交通发达，号称"天下之中"，为当时的交通枢纽。在麒麟传说产生以后，鲁西南地区优越的地理环境又成为它得以迅速传播的必不可少的条件。

现实世界中麒麟的消失为麒麟在传说中留下广阔的想象空间，借由人们的想象，麒麟无论在形象上，还是在德行上都发生了巨大的变化。

"西狩获麟"之前，麒麟已经带有神性。如前所述，商朝人用"白麟"祭祀大乙即商朝开国君主商汤，其地位不仅高于人牲，甚至高于用方伯做的人牲。"西狩获麟"之后，随着儒家思想的传播，进而被定为一尊，麒麟被进一步神化，其形象日益丰满，其德行日益完美。被当今学者誉为"保存了某些独一无二的文献资料，是研究孔子、孔子弟子及先秦两汉文化典籍的重要依据"的《孔子家语》，在提到麒麟时，已经把它作为神性动物来记述了："何谓四灵？麟、凤、龟、龙，谓之四灵"。如果君主遵循礼制，则"天降甘露，地出醴泉，山出器车，河出马图，凤凰、麒麟皆在郊薮"等等。

宋代学者罗愿著《尔雅翼》，对于后世神化麒麟的现象作了一番总结，可谓代表之作："麟，麇，麕身，牛尾，一角，《春秋》之书麟亦曰有麕而角者耳。盖古之所谓麐者止于此，是以其物可得而有，其性能避患，不妄食集，故其游于郊薮也，则以为万物得其性，太平之验，是不亦简易而自然乎！至其后世论麐者，始曰马足，黄色，圆蹄，五角，角端有肉，有翼，能飞，含仁怀义，音中律吕，行步周旋中规，折旋中矩，游必择土，翔必后处，不履生虫，不折生草，不群居，不旅行，不犯陷阱，不罹罘网，牡鸣曰游圣，牝鸣曰归和，夏鸣曰扶幼，秋鸣曰养绥，呜呼，何取于麎之备也！"

东汉哲学家王充曾说："俗人好奇，不奇，言不用也。故誉人不增其美，则闻者不快其意；毁人不益其恶，则听者不惬于心；闻一增以为十，见百益以为千，使夫纯朴之事，十剖百判；审然之语，千反万畔。"形象地说明了人类喜欢夸张的猎奇心理。经过一代代相传，越拔越高，越传越神奇，麒麟的形象也就越来越丰满。

上个世纪90年代，在河南省淅川县一座春秋中晚期的楚国墓葬里出土了一对青铜神兽，高48厘米，头上有六龙探首，龙头伸向不同方向，颈部、身体、尾巴均为老虎造型，足为龟足。

| 青铜神兽（淅川博物馆提供） |

兽身脊背正中铸一方座，座上又有一怪兽作直身欲搏状，口内衔有一龙，龙的头上有三个角，吐舌，躬身。这只奇特的神兽形象，是人们借助想象创造的动物，可以作为麒麟形象的佐证。

从现实存在的动物到传说中的动物，到人们认为它只是传说中的动物，麒麟的故事反映出历史与传说之间的复杂关系。

麒麟更多地代表了儒家文化，反映了中国人的道德诉求。

麒麟是神兽，更是仁兽。麒麟形态庄重，行规中矩，是一副谦谦君子的形象。麒麟性情温和，珍爱生命，不履生虫，不折生草，本性善良。麒麟不群居，不旅行，不犯陷阱，不罹罗网，设武备而不用，是为大智、大贤。孔子曾经说过：不无端怀疑别人欺诈，也不去猜测别人不诚实，但能事先察觉到别人的欺诈和不诚实，这就是贤人了。从这方面来说，麒麟也是一个贤者。总之，麒麟心存大善、大爱，与儒家提倡的仁、义、礼、智、信相吻合，是中华民族传统美德的形象体现，自然成为古代"四灵"之首。

如果说麒麟文化是民间文化，老百姓的文化，那龙文化就带有更多的皇家色彩。历代皇帝都自称为"真龙天子"，将皇帝穿的衣服称为龙袍，坐的椅子称为龙椅，睡的床称为龙床等等。有的皇帝，则不惜编造自己就是龙子的传说。《史记·高祖本纪》记载，汉高祖刘邦的母亲刘媪（刘老妇人）曾经在大湖边休息，不知怎么着睡着了，梦中与神交配。这时候乌云密布，电闪雷鸣，

| 泥泥狗麒麟送子 |
田晓 摄

刘邦的父亲刘太公前往寻找，看到蛟龙缠绕在刘媪身上，刘媪之后怀孕，生下了刘邦。

与麒麟一样，龙也是多种动物的集合体：角似鹿，头似驼，眼似兔，颈似蛇，腹似蜃，鳞似鱼，爪似鹰，掌似虎，耳似牛。但龙比麒麟的能耐更大，它神秘莫测、变化多端，能走、能飞、能游泳、能兴云降雨，还能显能藏、能巨能细、能长能短，春分时飞上天，秋分时潜于渊。如果说麒麟是道德的化身，人们对它敬爱有加，对龙，则是又敬又怕，有时候，还恨，折射出人们对皇权的复杂心态。文学作品里，常常有恶龙的形象。节庆活动上，人们祭龙王、舞龙灯、赛龙舟，祈盼风调雨顺、国泰民安，而到天旱时，人们就会用祈求、贿赂、强迫等各种手段让龙王降雨。人们会把龙王塑像从龙王庙里抬出来，放在太阳下暴晒，让龙王饱尝烈日烘烤之苦，然后抬着龙王塑像游街，每走三步还要打一麻鞭，直到降雨为止。在这个时候，龙王实际上成为人求雨的工具，没有了丝毫威严。

在老北京的习俗中，还能吃"龙"。二月二龙抬头，北京人要吃"懒龙"（一种面食），据说吃了"懒龙"后可解除春懒，让人一年都特别有精气神儿。

山东和东北地区广泛流传着秃尾巴老李的故事。

传说山东某地，有一位农妇在田地里干活，因为困极打盹被"龙戏"而怀孕，

记住乡愁——留给孩子们的中国民俗文化

| 麒麟琉璃照壁 社旗山陕会馆 |
田晓 摄

后来生下一个怪物——一条小黑龙。小黑龙落地即能腾云驾雾，来去无踪，但他每天都要回到母亲身边吃奶，非常恋母。农妇的丈夫姓李，非常恼火。一天，趁小黑龙来吃奶的时候，挥起菜刀向小黑龙砍去，小黑龙躲闪不及，被砍掉了尾巴，成了秃尾巴龙，人称"秃尾巴老李"。

吉祥瑞兽·麒麟

秃尾巴老李负痛逃到了东北黑龙江。黑龙江原为一条白龙镇守,名叫白龙江。白龙兴风作浪,残害百姓,弄得人心惶惶。秃尾巴老李来到之后,便与白龙厮杀在一处,直杀得天昏地暗。人们都聚集在江边,看二龙大战。当地百姓恨透了小白龙,再加上当地"闯关东"的山东人居多,看秃尾巴老李上来了,就扔馒头,看白龙上来,就扔石子儿。二龙鏖战了三天三夜,最后秃尾巴老李获胜,成为龙神。白龙江也因此更名为黑龙江。据说,白龙统治时期,土是白浆土或黄沙土,秃尾巴老李来了之后,为了报答当地百姓,把土全变成了黑土地,把"北大荒"变成了"北大仓"。秃尾巴老李对山东老乡特别眷顾,在黑龙江上,凡载有山东人的过往船只,到了江心,他就送上一条大鲤鱼。因此,船家在开船前总是先问问乘客中有没有山东人,有山东人就风平浪静,稳稳当当,

| 屋脊上的麒麟 |

没有山东人那就难说了。因此即便没有山东人，船上的人也会代为回答"有啊"。那跳上船板的大鲤鱼，当然谁也不吃，船家双手捧起，向着乘客喊道："秃尾巴老李给山东老乡送礼了！"然后再放回江里。这风俗直到民国时还保持着。秃尾巴老李非常眷恋母亲和家乡。每当山东大旱，他总会想办法给老家行云布雨，因此，山东各地有为纪念"秃尾巴老李"而建造的庙宇。每年清明节，秃尾巴老李都要回家看望老娘，又怕被爹发现，就从烟囱里溜进屋去。人们怕烧着他，这天都不烧火，吃冷食。相沿成俗，后来就有了寒食节，即清明节。

在这个故事里，黑龙江龙神秃尾巴老李虽然是龙，却是普通村民所生，他恋家恋母、造福百姓、有情有义，是个大孝子，是个好龙，白龙则是一个坏龙。龙是什么？实在复杂，反倒不如麒麟简单明了。

现在我们在大型建筑物前，常常见到的是狮子形象，其次才是麒麟。其实狮子本来不是中国的动物，汉代才传入我国。从唐宋时期开始，狮子形象逐渐出现在各种装饰品上，到明清时期，终于成为安邦护国的神兽形象。放置狮子，显示威严，祈求平安；放置麒麟，以德化人，吉祥平安。

麒麟台与麒麟文化

麒麟台与麒麟文化

西狩获麟，是中国文化史上带有里程碑意义的大事。相传麒麟死后，孔子率弟子埋葬了麒麟，并堆土成冢，即麒麟冢。后人为了祭祀麒麟，冢前建了一个高台，即麒麟台（位于巨野县麒麟镇获麟集村东北1.5公里）。唐宋以降，碑碣林立，惜天灾人祸，特别是黄河泛滥，致使那些记录祭麟盛事的碑碣所剩不多。

麒麟台至今犹存，为县级名胜古迹重点保护单位。东西长73米，南北宽52米，占地面积3800平方米。唐高祖武德四年（621年），取西狩获麟意，于巨野置麟州。唐德宗大历四年（769年），在麒麟台立麟台碑。元世祖至元十六年（1279年），以麟为祥瑞，在巨野县治北建麟凤亭。元文宗至顺二年（1331年），巨野县主簿樊逊重修麟凤亭。明嘉

| 食盒麒麟送子
鹿邑民俗博物馆 |

田晓 摄

|麒麟冢|
姚继平 摄

靖十四年（1535年），济宁州通判张九胥重修麒麟碑一座，立于曹济公路旁，碑上刻的冢字及年代署名至今尚存。天启年间，县令方时化在此修建庙宇，名曰"瑞麟寺"。据当地传说，整个寺院占地百余亩，有僧侣百余人，佃户数十家。寺院附近有店铺、石碾、菜园、车坊等。

与麒麟冢、麒麟台相应，产生了绵延不绝的麒麟文化，有麒麟传说、诗词歌赋，更有麒麟崇拜和相关习俗以及由此派生出的民谣、戏曲、舞蹈、建筑、雕刻、刺绣、剪纸、绘画等艺术。如果说麒麟在现实中的消失是自然界的一大损失，由麒麟传说引发出的麒麟崇拜和相关习俗对我国传统文化，尤其是民间文学、民间工艺、民俗学的贡献则是人们意想不到的弥补。

麒麟传说

西狩获麟拉开了麒麟传说的序幕。其后，便产生了数不胜数的麒麟传说。主要内容有麒麟降生、麒麟送子、西狩获麟、麒麟送宝、麒麟习俗，还有麒麟冢、麒麟台。有的传说，更像是历史故事。如《麒麟冢的传说》，其内核就是历史。大体内容是：鲁哀公十四年春，鲁哀公到大野泽打猎，逮住了麒麟，当是（认为）怪物，就把它打死了。孔子一见麒麟被打死，用袖子遮着脸痛哭了一场，紧接着就叫弟子把麒麟埋葬，用土堆了个大堌堆。这个埋麒麟的土堌堆就是"麒麟冢"。麒麟冢堆好后，孔子又叫弟子们在麒麟冢前筑起了个土台，率弟子们祭麒麟。

| 烫金麒麟兽 |

孔子是圣人，自然多才多艺，当场作歌一曲，叫《获麟歌》，弹着琴，悲悲戚戚，自作自唱："唐虞世兮麟凤游，今非其时来何求？麟兮！麟兮！我心忧。"这个土台就是"麒麟台"。

只不过原冢、台较小、较矮，经历代增修，麒麟冢、麒麟台规模逐渐扩大。到了元代，孔子第五十三代孙孔浩当上了巨野县令，发现麒麟埋葬处是块风水宝地，认为孔子"灵爽必栖于此"，就上书朝廷，请求留在巨野，每年在麒麟台举行两次奉祀礼，分别称为"春祀""秋祀"。春祀在二月十八日，为孔子去世之日；秋祀在八月二十七日，为孔子出生之时。有的传说，则是文化传播的结果。在河南省林州市城南也有一处麒麟台，当地民间传说，明朝万历年间，一个金氏地主家的长工，在林县城南不远处耕地时，一个拉犁的母牛卧地产下了一个小怪兽，刚能站起来，就把犁铧吃掉了。长工大惊，喊来人观看。有人说，这牛产的是麒麟，是一种吃铁拉金子的吉祥物，千万别伤害它，说不定送去朝廷还能受奖赏。消息不胫而走，很快传遍全县。后来奏报朝廷，龙颜大悦，就在麒麟出生的地方盖起了小庙，塑上了麒麟的像，就是现在的麒麟庙、麒麟堂。这个传说，应该是巨野麒麟传说在传播中的翻版。

诗词歌赋

从《诗经》中的《麟之

| 西安博物馆鎏金铜铺首 |

趾》开始，有关麒麟的诗词歌赋不胜枚举，仅巨野学者刘富轩就搜集了2000余首。主要内容是赞美麒麟的德行，表达作者对建功立业的渴望，也有的诗词借麒麟抒发自己怀才不遇的愤懑。兹选取数首，以期窥一斑而知全豹。

麟之趾

麟之趾，振振公子，于嗟麟兮。

麟之定，振振公姓，于嗟麟兮。

麟之角，振振公族，于嗟麟兮！

麒麟颂
（三国·吴）薛综

懿哉麒麟，
唯兽之伯；
政平觊景，
否则戢足。

德以卫身，
不布牙角；
屏营唐日，
帝尧保禄。
委体大吴，
以昭遐福；
天祚圣帝，
享兹万国。

麒麟颂
（西凉王）李暠

一角圆蹄，行中规矩；
游必择地，翔而后处。

不入陷阱，不罹罗网；
德无不王，为之折股。

塞下曲
（唐）高适

万里不惜死，
一朝得成功。
画图麒麟阁，
入朝明光宫。

过陈琳墓

（唐）温庭筠

曾于青史见遗文，
今日飘蓬过此坟。
词客有灵应识我，
霸才无主独怜君。
石麟埋没藏春草，
铜雀荒凉对暮云。
莫怪临风倍惆怅，
欲将书剑学从军。

巨野麟台咏

（宋）辛弃疾

终始春秋笔，
经名旧记麟。
荒台曾建鲁，
野草未烧秦。
郁郁山川秀，
葱葱景钯新。
韦编续继否？
书带已成茵。

石麒麟

（宋）马之纯

石虎石羊还石人，
此间独有石麒麟。
定应侧近藏陵墓，
仗此威灵护鬼神。
一石琢成高且大，
两头相望俨如真。
参天宰木知何在，
今与渔樵作四邻。

| 麒麟送子
朱秀云创作 |
田晓 摄

民谣戏曲

说唱麒麟的艺术形式多种多样，有民谣（担经舞歌词）、山东琴书、山东落子、渔鼓坠、皮影戏等等，内容都是对麒麟的赞颂。

民谣三首（担经舞歌词）

说麒麟

说麒麟，唱麒麟，
麒麟走进俺的门。
送吉祥，送富贵，
金满箱来银满柜。
送富贵，送吉祥，
给俺送来好儿郎。

麒麟头

麒麟头，麒麟脚，
麒麟出来喜事多；
人烟旺，家业兴，
五谷丰登享太平。

麒麟歌

麒麟歌，唱不够，
又增福来又增寿；

|屋脊上的麒麟|

麒麟歌，唱不完，
一年四季保平安。

山东琴书有《麒麟生》，讲的是巨野金山出现麒麟，保佑主人公金大爷生了个孙子"麒麟郎"，村子也改名叫"麒麟庄"的故事。山东落子《麒麟赠》，讲述了麒麟寺里的麒麟显灵，救济好人（赶车人，诚实、守信）、惩罚坏人（骑驴人，自私、厚颜无耻）的故事：

……

骑驴人话语刚落地，
一阵东风来得疾。
忽然一道金光起，
圣兽麒麟现真迹：

脑门上一只肉角朝天举，
看身子跟鹿差不离。
身上麟甲哗哗响，
四足圆圆赛马蹄。
长了一支牛尾巴，
遍体金光多华丽。
它直奔骑驴人的身边去，
咬得他身上黑血滴。
……

|河南浚县麒麟送子殿|
郭如民 摄

|河南浚县麒麟送子殿|
侯仰军 摄

有意思的是，在这个故事里，麒麟一改温良恭俭让的形象，不仅惩罚了坏人，还动了粗。社会现实表明，教育不是万能的，没有惩戒，教育就很苍白。

山东落子《麒麟女还魂记》讲述的故事更是传奇。说的是大唐年间，北番南侵，惊动了圣君李世民。他下了圣旨，令程咬金挂帅，率领三军迎敌。无奈北番出了个巾帼英雄窦侬公主，貌比天仙，勇盖杨戬，唐朝众将无人能敌。就连勇猛刚烈、武艺高强的罗成的二儿子罗仁，也被她一刀斩于马下。罗仁的哥哥罗通悲愤之下，直扑敌阵，也不是窦侬公主的对手。幸运的是，窦侬公主对罗通一见钟情，没有痛下杀手，罗通才得以回到唐营。不曾想窦侬公主是个情种，送来书信，愿以身相许，从此罢兵。但罗通不肯。消息传到李世民那里，他权衡再三，下了圣旨，命罗通与窦侬公主成亲。新婚之夜，罗通还是不从，并痛骂窦侬公主，窦侬公主刚烈，愤而自杀。李世民大怒，要杀罗通。赖满朝文武大臣求情，罗通得以不死。李世民要罗通厚葬窦侬公主，把墓地选在了麟州的麒麟坟。麒麟引领窦侬公主的魂魄在麒麟台安居三年，又让她借尸还魂，两人再次成婚，夫妻恩爱，白头到老。从此以后，小伙子成亲，在门楣上都写"麒麟到此"或"天降麒麟"。

皮影戏是中华民族工艺美术与戏曲完美结合的艺术瑰宝，有"戏剧鼻祖""电影始祖"等美称。皮影戏中有《麒麟缘》《金麒麟》。由此可见，在民谣戏曲里，麒麟不仅仅是吉祥瑞兽，更成为无所不能的吉祥神兽。正如戏曲中所唱："说麒麟来道麒麟，至善至美集一身。麒麟奇事千千万，千年万载唱不尽。"

麒麟崇拜和相关习俗

古人常常用麒麟来命名。西汉时期，汉宫中有麒麟殿、麒麟阁。麒麟阁系汉武帝时期所建，主要用于收藏历代典籍和秘密文件。元狩元年（公元前122年），汉武帝往雍郊祀，捕获一角兽麒麟，遂于未央宫之中建麒麟阁。甘露三年（公元前51年），汉宣帝因匈奴归降，怀念功臣，乃令人画

| 浚县碧霞宫神
龛木雕 |

程健君 摄

霍光等十一名功臣像于麒麟阁，以示纪念和褒扬。后世遂把"画图麒麟阁"作为最高的荣誉。"万里不惜死，一朝得成功。画图麒麟阁，入朝明光宫"（高适《塞下曲》），就是代表。

民间确信，求拜麒麟可以得子，这对久婚不育特别是想要男孩的家庭具有强大的诱惑力。求子方式各有不同，常见的是到麒麟台前或瑞麟寺里拜麟求子，方法是将彩绣挂在麒麟塑像的角上，面对麒麟祷告，求自己生个好儿子；把请（买）来的玉雕麒麟或青铜麒麟安放在床头求子；跳麒麟舞求子；由不育妇女扶着载有小孩的纸扎麒麟在庭院或堂屋里转一圈求子。有的老太太，则在麒麟台上薅把麒麟草，回家后让儿媳妇服用，并念叨："喝了麒麟草，来年生个小男孩儿。"据说都很灵验。佩戴玉麒麟，从古至今都有祈求平安和显示身份的用意。宋代大诗人陆游曾写诗："同舍事容悦，腰佩玉麒麟。"在民间，则流行给婴幼儿穿"麒麟兜肚"，佩戴"麒麟锁"。

在鲁西南一带，不论贫富，特别讲究给婴幼儿穿麒麟兜肚、佩戴麒麟锁，以求孩子有出息。麒麟兜肚、麒麟锁图案大都是一个娃娃手里拿着一只莲蓬，骑在麒麟身上，表示"连连升官麒麟子"。后来又渐渐扩展到给婴幼儿穿麒麟鞋、戴麒麟帽。连女儿出嫁也陪送绣有麒麟形象的彩绣，期望能早生贵子。传说五代后周时期，巨野城里有一个以磨面为生的人家，姓王，生了一个男孩儿。为了孩子长大后能平安吉祥，便绣了一个麒麟兜肚，给孩子带上。这个孩子果然聪慧过人，七岁就能吟诗作文，20多岁就进士及第。这个"神童"就是历史上有名的文学家王禹偁。从此，巨野一带人家，只要怀了孩子，给孩子准备的第一件衣服，一定是麒麟兜肚。这个风俗

| 麒麟兜肚 |
姚继平 提供

流传至今，并流传到全国。麒麟锁的来历，则是宋朝时期，一户姓晁的人家，生了个男孩，请人打了一只带有麒麟图案的银质的长命锁，挂在孩子脖子上。俗称"麒麟锁"。孩子聪慧异常，32岁时一举考中进士。晁家世代相传，婴幼儿全都佩戴麒麟锁，因而贤才辈出，出了好几十个进士，200多个县级以上官员。民间纷纷仿效，遂成为习俗。

舞蹈

民间对麒麟有着独特的情结。很多创造了"担经舞"，唱起"麒麟歌"，表达对麒麟的崇拜和爱戴。在广东省流传较广并各具特色的麒麟舞，则融音乐、舞蹈、工艺美术、杂技于一体，既有欣赏价值，又有研究价值。其中东莞市清溪镇的舞麒麟武术表演，是最精彩、最有气氛的艺术形式。民国年间的《东莞县志》记载："元旦至晦，结队鸣征鼓，以纸糊麒麟头，画五采。缝绵被为麟身，两人舞之，舞罢，各演拳棒，曰舞麒麟。"清溪客家人舞麒麟据说源于一个"麒麟吐玉书，黄河清三日"的美丽传说。据说孔子出生那一天，麒麟口含一本玉书，送至孔子床前。孔子得此玉书，勤思苦读，成为才高八斗、学富五车的圣人，并设帐授徒，教化子民，使华夏文化得以传承弘扬。一向重视教育、崇尚文化的客家先辈就把麒麟作为传播文明的圣物而加以崇拜。

清溪麒麟由麒麟头、麒

麟背（身）和麒麟尾巴三个部分组成。麒麟头用黄竹扎框，优质沙纸糊面，宽35厘米，高35厘米，上面画有牡丹、桃花、菊花、蝴蝶等，色彩鲜艳，细致生动。整只麒麟仅重1.25公斤，舞起来威武生动，丰满灵活。麒麟背由披肩和身组成。披肩长约2米，宽约1.5米，由红、黄、蓝、白、黑五种颜色横着相连组成，代表"金、木、水、火、土"。披肩上绣有"风调雨顺"四个字。整个披肩和麒麟身呈"丁"字形。麒麟背长约4.5米，宽约1.2米，最末端呈如意云头状，留有一个小孔供竹制的麒麟尾巴穿过。麒麟尾巴由一根约1米长、拇指粗的竹子做成，一端绑上红绳，表示尾巴；竹的另一端打上一只小孔，穿上绳子，挂在演员的脖子上，跨过两腿中间，和穿过麒麟被的小孔平行，便于演员按锣鼓节奏将尾巴伸进伸出地表演。

客家舞麒麟的整个活动

|民间刺绣|
姚继平 提供

|巨野民间剪纸
麟吐玉书|
姚继平 提供

记住乡愁——留给孩子们的中国民俗文化

| 麒麟 |
田晓 提供

分为三个部分：麒麟开光、麒麟武术表演、麒麟酬神。麒麟武术表演是最精彩、最有气氛的一种艺术。表演套路分为：头套和尾套。头套主要由探路、逛花园、乌鸦晒翅、瞌睡、挠耳、洗脚、洗身等七个环节组成，尾套主要由寻青、闻青、惊青、踢青、找青、逗青、吃青、吐青等八个环节组成。所谓"青"就是树的枝叶，一般

| 西狩麒麟 |
姚继平 提供

64

选的是龙眼树。舞麒麟完毕之后，还要进行武术表演，所以，打功夫（武术表演）是舞麒麟不可缺少的内容，以师傅打一丈三的长棍结束。

最后是麒麟酬神。每当正月舞完麒麟后，麒麟队要在村里的祠堂摆酒，宴请今年请过麒麟队去舞麒麟村子的代表。这时师傅就会揭下"师傅"神位上的红纸并把它处理掉，把麒麟"开光"时采回来的"青"放回原来的地方，把麒麟及舞麒麟所用的锣鼓及其道具放在拳馆里保存好，待来年再用。至此，一年一度的舞麒麟结束。

舞麒麟通常在白天进行，不需要灯光和音响。一般在祠堂前、晒谷场、草坪、村镇里的空旷地方表演。舞麒麟主要由两人来表演：一人在前面舞麒麟头，一人在后面钻进麒麟被里，在里面舞动麒麟被，前后相互配合，在锣鼓、镲、铛和唢呐的伴奏下，表现出麒麟各种各样的动作，所以舞麒麟很适合

|关中民俗艺术博物院耿家宅院麒麟望日影壁|
关博 提供

|砖雕"麒麟望日"影壁|

|麒麟图|
关博 提供

|客家麒麟（手工扎作，万贡学创作）|
侯仰军 摄

|麒麟送子|
姚继平 提供

在农村表演。传统的麒麟队只有一只麒麟、一套锣鼓、一面队旗，队旗上面都标有队伍的姓氏或堂号，每支队伍大约有三十人左右。

工艺（建筑、雕刻、陶塑、扎作、剪纸、刺绣、绘画）

麒麟图案是石雕、砖雕中最常见的吉祥物。古人认为麒麟是瑞兽，在大门外、宫殿前或陵墓神道等处放置麒麟，能辟邪镇妖，同时也体现主人的身份地位。如南朝齐武帝萧赜的景安陵前、陈文帝陈蒨永宁陵前都有石麒麟。当时礼制，麒麟、天禄等神兽只准帝陵前有，大臣墓前只能用石狮。

在民俗学者刘富轩看来，麒麟的外在形象经历了五个阶段：1. 春秋战国时期的朦胧美。麇身，牛尾，一角，以鹿科动物的特征为主，但比鹿更矫健、更壮美。2. 两汉时期的古拙美。吸收马、羊等动物的特点，线条简朴，形象古拙。3. 南北朝时期的雄健美。吸收了虎、狮等动物的特点，雄浑而威武。代表作为南朝帝陵前的石麒麟。4. 宋元时期的清秀美。保持了鹿科动物的特征，吸收了蛇、鱼等动物的特点，清秀而飘逸。5. 明清时期的繁华美。北京法海寺内有不同造型的石麒麟，形象丰富多彩。

麒麟还是影壁上最常见的吉祥图案。影壁也称照壁，古称"萧墙"，是中国建筑中用于遮挡视线的墙壁，也是中式院落大门内外重要的装饰。影壁分为上、中、下三部分，下为基座，中间为影壁壁心部分，上部为墙帽。据考证，陕西省在一座西周建筑遗址中发现的影壁残壁，是目前中国最早的影壁。影壁可起到遮挡视线、保护隐私的作用，在寒冷的冬天还能御挡院外的寒气，防止大风向院内直灌。风水学家认为，影壁可以使气流绕行，聚气不散，能起到冲煞气的作用。陕西省关中民

| 麒麟章 （陈智楠作品） |

记住乡愁——留给孩子们的中国民俗文化

| 耿家宅院影壁
（正面） |
关博 提供

俗艺术博物院多年来致力于抢救保护古民居院落，收藏了70多件影壁，多为砖雕，也有石雕，有很多麒麟图案。这些麒麟造型优美，刀法自然，线条流畅，有的纤毫毕呈，有的粗犷有力，不仅体现了等级制度，还有主人对美好生活的向往，集中反映了中国古代达官、豪绅、富商阶层的审美意识。

麒麟还是古代公堂上的装饰，以振官威。现在不少家庭里也放麒麟，以求祥瑞。民间传说，麒麟可以化解各种煞气，家中摆上一对麒麟（头朝门或窗外），能够消灾解难、驱除邪魔、镇宅避煞、催财升官，还有添丁之用。与狮虎不同之处，就是麒麟不伤好人。

孔子未出生时，麒麟衔

玉书至阙里，其文曰："水精子继衰周而素王。"孔子的母亲颜氏很惊异，将彩绣系在麟角上，以示感恩。后世的文庙、学宫中就以《麟吐玉书》为装饰，表示祥瑞降临，圣贤诞生。

民间年画中，常有"麒麟送子"的题材。在传统民俗礼仪中，麒麟还被制成各种饰物送给未成年的儿童佩戴，以保平安吉祥。京剧中有青衣程派代表作《锁麟囊》。剧名"锁麟囊"，源自剧中的关键道具锁麟囊，就是绣有麒麟的荷包。在古代，女儿出嫁上轿前，母亲要送一只绣有麒麟的荷包，里面装上珠宝首饰，希望女儿婚后早得贵子。锁麟囊含麒麟送子之意，是古时候祈子法的一种。故事大体情节是，一个富家女结婚，陪嫁的金银财宝无数，她的母亲又送给她一只绣有麒麟的荷包，即锁麟囊，里面装了一些珠宝，价值连城。出嫁的路上，在春秋亭避雨时遇到一个穷家女，穷得连嫁妆都没有。这个富家女就慷慨地把锁麟囊赠给了她。多年后，由于洪水，富家女和家人失散，穷得没法过日子，只好到一富人家去做保姆。有一天富家女在阁楼上看到了她当年赠送给贫家女的锁麟囊，睹物思人，不由得痛哭。不曾想这家的女主人就是原来的贫家女，她靠富家女的馈赠发家，一直思恩图报，今天终于相见。富家女终得好报。

在古典名著《红楼梦》里，金麒麟是史湘云的护身符；黄梅戏《女驸马》中，一对玉麒麟也是爱情的见证。

唐朝，有的官服上开始绣麒麟图案，《旧唐书·舆服志》有明确记载。到了明清时期，只有一品官员的礼服上才能绣麒麟图案。《明会典》记载，洪武二十四年（1391年）规定，公、侯、驸马、伯以麒麟作为补服图案，故称一品麒麟。清朝规定，武官中的一品官员官服补子上绣麒麟。在民间，麒麟的象征意义越来越多，"麟趾呈祥"喻结婚，"育麟有庆"喻生贵子，"麒麟祥瑞""麒麟丹桂"等来形容吉祥平安。南北朝时，对聪颖可爱的男孩，人们常呼为"吾家麒麟"，遂有"麒麟儿""麟儿"之美称。木板画上常常刻的对联是"天上麒麟儿，地上状元郎"。对麒麟的崇拜和喜爱，真是无处不在。

图书在版编目（CIP）数据

吉祥瑞兽. 麒麟 / 侯仰军编著；张勃本辑主编. ——哈尔滨：黑龙江少年儿童出版社，2020.2（2021.8 重印）（记住乡愁：留给孩子们的中国民俗文化 / 刘魁立主编. 第十一辑，生肖祥瑞辑）
ISBN 978-7-5319-6535-0

Ⅰ. ①吉… Ⅱ. ①侯… ②张… Ⅲ. ①图腾－文化－中国－青少年读物 Ⅳ. ①B933-49

中国版本图书馆CIP数据核字(2020)第005510号

记住乡愁——留给孩子们的中国民俗文化　　刘魁立◎主编
第十一辑 生肖祥瑞辑　　张　勃◎本辑主编
吉祥瑞兽·麒麟 JIXIANG RUISHOU·QILIN　　侯仰军◎编著

出版人：	商　亮
项目策划：	张立新　刘伟波
项目统筹：	华　汉
责任编辑：	李　昶
整体设计：	文思天纵
责任印制：	李　妍　王　刚
出版发行：	黑龙江少年儿童出版社
	（黑龙江省哈尔滨市南岗区宣庆小区8号楼 150090）
网　　址：	www.lsbook.com.cn
经　　销：	全国新华书店
印　　装：	北京一鑫印务有限责任公司
开　　本：	787 mm×1092 mm　1/16
印　　张：	5
字　　数：	50千
书　　号：	ISBN 978-7-5319-6535-0
版　　次：	2020年2月第1版
印　　次：	2021年8月第2次印刷
定　　价：	35.00元